カメにのった捨《す》て犬《いぬ》・未来《みらい》！

とっとこ「いのち」と、のんびり「いのち」

今西乃子［著］
浜田一男［写真］

岩崎書店

お野《や》菜《さい》大《だい》好《す》き！

わたしはきらら！
野《や》菜《さい》はきらい！

どうして箱《はこ》に入《はい》ってるの?

おでかけだよ〜

わたしものったよ!

お肉《にく》食《た》べたい……
お野菜《やさい》ないかな〜?

パクリ！

わたしは とっとこ
ぼくは のんびり

わたしはポポ

カメにのった捨《す》て犬《いぬ》・未《み》来《らい》！

とっとこ「いのち」と、のんびり「いのち」

もくじ

プロローグ

わたしの名前《なまえ》はきらら！
今年《ことし》、14歳《さい》になるミックス犬《けん》の女《おんな》の子《こ》……、いや、おばあちゃんだ。
昔《むかし》は「ゆれるしっぽの子犬《こいぬ》」なんて言《い》われたけど、あれから14年《ねん》もたっちゃったんだなあー。
「犬《いぬ》の命《いのち》の時間《じかん》」は、15年《ねん》くらい。

多《おお》くの犬《いぬ》が15歳《さい》くらいまでに天国《てんごく》にいってしまうから、わたしも
すっかりおばあちゃんの仲間入《なかまい》り。
でも、まだまだ長生《ながい》き目指《めざ》して18歳《さい》までは、絶対《ぜったい》にがんばるぞ！
18歳《さい》！ そう思《おも》っているのにはわけがある。
わたしの大好《だいす》きだった未来《みらい》ねーちゃんが、昨年《さくねん》、17歳《さい》7か月《げつ》で天《てん》
国《ごく》にいっちゃったからなんだ。
未来《みらい》ねーちゃんはわたしより5歳年上《さいとしうえ》の柴犬《しばいぬ》だ。
子犬《こいぬ》の頃《ころ》に、右目《みぎめ》と後《うし》ろ足《あし》を傷《きず》つけられて捨《す》てられた未来《みらい》ねーち
ゃんは、その後《ご》、この家《いえ》に来《き》て、たくさん遊《あそ》んで、たくさん食《た》べて、
うんとしあわせにくらしてきた。
わたしも捨《す》て犬《いぬ》だったけど、この家《いえ》にひろわれて、未来《みらい》ねーちゃ

鼻黒《はなぐろ》の
子犬《こいぬ》のころの
わたし！

んとくらすようになってから、元気《げんき》いっぱい！　悲《かな》しかった捨《す》て犬《いぬ》のころは遠《とお》い思《おも》い出《で》になっていった。

わたしはこれからもずっと、ずっと、大好《だいす》きな未来《みらい》ねーちゃんといっしょに楽《たの》しくくらしたかった。でも、わたしより5つ年上《としうえ》の未《み》来《らい》ねーちゃんは、先《さき》に天国《てんごく》にお引越《ひっこ》ししてしまったんだ。

犬《いぬ》の命《いのち》の時間《じかん》は、人間《にんげん》とは比《くら》べ物《もの》にならないくらい短《みじか》い。

もっと、もっと、長生《ながい》きして、かあちゃん（飼《か》い主《ぬし》）たちといっしょにいたいなあ、と、わたしは思《おも》うけど、わたしたち犬《いぬ》が人間《にんげん》の年齢《ねんれい》をあっという間《ま》に追《お》い越《こ》しちゃうのは、飼《か》い主《ぬし》さんが、わたしたちのお世話《せわ》を最期《さいご》までできるように、神様《かみさま》が決《き》めたんだと思《おも》う。

かあちゃんは、いつも言《い》っていた。

「きららも未来《みらい》も、かあちゃんたちがいなきゃ生《い》きていけないんだよ。だからその命《いのち》の時間《じかん》が終《お》わる時《とき》まで、きちんとお世話《せわ》をするのが、かあちゃんたちの責任《せきにん》！　だから、かあちゃんは、絶対《ぜったい》に、きららや未来《みらい》より先《さき》に死《し》んじゃいけないんだ」

もし、わたしたちペットが人間《にんげん》より長生《ながい》きだったら大変《たいへん》なことになる！

わたしが、真剣《しんけん》にそんなことを、考《かんが》えるようになったのは、未来《みらい》ねーちゃんが元気《げんき》で17歳《さい》のお誕生日《たんじょうび》を迎《むか》えた年《とし》のことだった。

ある日《ひ》、わたしの家《いえ》に、ご長寿犬《ちょうじゅいぬ》・未来《みらい》ねーちゃんもびっくりするお客《きゃく》さんがやってきたんだ！

わたしは、その日《ひ》のことを、今《いま》でもはっきり覚《おぼ》えている——。

わがやに、カメがやってきた！

それは、未来《みらい》ねーちゃんが天国《てんごく》にいく数《すう》か月前《げつまえ》のこと……。
その日《ひ》は、朝《あさ》からぽかぽか陽気《ようき》で、10月《がつ》とは思《おも》えないほど暖《あたた》かな土曜日《どようび》だった。
未来《みらい》ねーちゃんは、相変《あいか》わらず元気《げんき》で、のんびり楽《たの》しく、毎日《まいにち》を過《す》ごしていた。
17歳《さい》を過《す》ぎた未来《みらい》ねーちゃんは、お散歩《さんぽ》もかあちゃん（飼《か》い主《ぬし》）

に支《ささ》えてもらわないと歩《ある》けないけど、まだまだおいしいものもたくさん食《た》べて、元気《げんき》いっぱいだった。

お散歩《さんぽ》では、みんなに「すごいね～！　未来《みらい》ちゃん！」と言《い》われたり、「長生《ながい》きのご利益《りやく》がありそうだから」とナデナデされたり、年《とし》をとっても未来《みらい》ねーちゃんは、みんなの人気者《にんきもの》！

かあちゃん、とうちゃんも、「未来《みらい》ねーちゃん18歳《さい》！」を目指《めざ》して、これまで以上《いじょう》におばあちゃんになった未来《みらい》ねーちゃんのお世話《せわ》に一所懸命《いっしょけんめい》だった。

よし！　未来《みらい》ねーちゃんを見習《みなら》って、わたしも、かあちゃんたちのために、がんばって元気《げんき》でしあわせな長生《ながい》き犬《いぬ》を目指《めざ》すぞ！

長生《ながい》き！　長生《ながい》き！　楽《たの》しいな♪

そんなある日《ひ》、「元気印《げんきじるし》のご長寿《ちょうじゅ》」未来《みらい》ねーちゃんの度肝《どぎも》をぬく、すごいお客《きゃく》さんがわがやにやってきた。

のっそ、のっそと歩《ある》いてデカい！

「わたしは未来《みらい》！　あんただれ？」未来《みらい》ねーちゃんがえらそうに聞《き》いた。

「ぼくは、カメのももちゃん！」

「カメ？　その昔《むかし》、縁日《えんにち》とかで売《う》られていたカメ？　それにしても、ずいぶん大《おお》きいなあ」わたしは言《い》った。

「その昔《むかし》、縁日《えんにち》で売《う》られていたのは、ミドリガメ（アカミミガメなどの子《こ》ども）！　今《いま》じゃ、縁日《えんにち》でのカメすくいはできなくなってるよ。それにぼくは、ミドリガメとは全《まった》くちがうリクガメで、おしりのところに爪《つめ》みたいな突起《とっき》があるから、ケヅメリクガメってよばれているんだ」

カメにもいろいろいて、おもに「リクガメ」「ウミガメ」「ミズガメ」に分《わ》けられるという。

陸《りく》に生息《せいそく》しているカメはリクガメ。海《うみ》に生息《せいそく》しているカメがウミガメ。

川《かわ》や沼《ぬま》に生息《せいそく》しているカメはミズガメ。人間《にんげん》にペットとして水《すい》そうの中《なか》で、飼《か》われている多《おお》くはミズガメらしい。

「ずいぶん大《おお》きいけど、あんた、何歳《なんさい》？　わたしはね！　もう17歳《さい》をすぎたんだから！　すっごく長生《ながい》きなんだよ！」

未来《みらい》ねーちゃんが、エッヘンと胸《むね》をはって、カメのももちゃんに、

わがやに、カメがやってきた！

おねえさん風《かぜ》をふかせた。

ご長寿《ちょうじゅ》の未来《みらい》ねーちゃんは、この世界《せかい》のことをたくさん、たくさん見《み》て知《し》っていた。これまでわたしにいろんなことを教《おし》えてくれたように、ももちゃんにも、いろんなことを教《おし》えてあげようと思《おも》ったんだ。

「ねえ、あんたは何歳《なんさい》なの？　もったいぶらないでおしえておくれよ！」未来《みらい》ねーちゃんが聞《き》いた。

「27歳《さい》……」

「え……？」

「ぼくはね～、27歳《さい》になるんだよ」

なんだって！　未来《みらい》ねーちゃんより、10年《ねん》も長《なが》く生《い》きているって

わがやに、カメがやってきた!

ことか！

「あんたもご長寿《ちょうじゅ》さんなの？　おじいちゃんってこと？」

「ぼくまだおじいちゃんじゃないと思《おも》うな〜。ぼくたちケヅメリクガメの寿命《じゅみょう》は１００年《ねん》とも言《い》われているんだ」

ひゃ……百年《ひゃくねん》？？？

１００歳《さい》まで生《い》きるなら27歳《さい》なんてまだまだ「ひよっこ」だ。しかも、これから先《さき》、何十年《なんじゅうねん》も生《い》きるかもしれないなんて、どれだけこの世《よ》の中《なか》のことを見《み》て知《し》ることができるんだ！

うらやましいなあー。わたしも、もっと、もっと長生《ながい》きしておいしいもんを食《た》べたり、かあちゃんたちといっしょに暮《く》らしていきたいなあ……。長生《ながい》きの秘訣《ひけつ》って何《なに》かあるのかな？

「あんたは犬《いぬ》とちがって、これからまだまだ長生《ながい》きできるんだね」

わたしは思《おも》わずため息《いき》をついた。

聞《き》くと、野生《やせい》のケヅメリクガメは１００年《ねん》生《い》きると言《い》われているけど、人間《にんげん》に飼《か》われたカメは長《なが》くて50歳《さい》くらいが寿命《じゅみょう》だという。

どうして人間《にんげん》に飼《か》われているカメの寿命《じゅみょう》の方《ほう》が、短《みじか》くなるんだろう？

「おいしいもんいっぱい食《た》べて、病気《びょうき》になったら動物病院《どうぶつびょういん》にもつれて行《い》ってもらえるんだから普通《ふつう》ならペットのカメの方《ほう》が長生《ながい》きしそうなものなのに……なんで？」

ふしぎに思《おも》ったわたしは、ももちゃんというカメに聞《き》いた。

「人間《にんげん》がリクガメをペットとして飼《か》いはじめたのは、わりと最近《さいきん》な

あんた100年《ねん》生《い》きるの?

んだ。一万年《いちまんねん》以上前《いじょうまえ》から人間《にんげん》とくらしてきた犬《いぬ》とちがって、まだまだわからないことの方《ほう》が多《おお》いんだって。

それに、リクガメのお世話《せわ》は、人間《にんげん》にはとてもむずかしくて、10歳《さい》までに死《し》んでしまうカメがとっても多《おお》いってぼくのママ（飼《か》い主《ぬし》）が言《い》っていたよ。大量《たいりょう》のえさの準備《じゅんび》、温度《おんど》管理《かんり》、運動《うんどう》場所《ばしょ》を人間《にんげん》が整《ととの》えるのも一苦労《ひとくろう》で、お気軽《きがる》に飼《か》えるペットじゃない。そう考《かんが》えると、大自然《だいしぜん》の中《なか》、本能《ほんのう》のまま生《い》きている野生《やせい》のカメよりペットの方《ほう》が寿命《じゅみょう》が短《みじか》いっていうのもわかるよね」

「ふーん……同《おな》じ人間《にんげん》に飼《か》われているペットなのに、なんだか、わたしたち犬《いぬ》とはずいぶんとちがうんだね！」

とたんにわたしは、ももちゃんにいろんなことを聞《き》いてみたくなった。

「あんたの生《う》まれ故郷《こきょう》ってどんな場所《ばしょ》？」

「野生《やせい》のケヅメリクガメの生息地《せいそくち》ってのはさ、中央《ちゅうおう》アフリカから南《みなみ》アフリカの砂漠《さばく》やサバンナ地帯《ちたい》なんだ。一年中暖《いちねんじゅうあたた》かい地域《ちいき》だから、ぼくたちは寒《さむ》さに弱《よわ》い」

「そういえば……カメって冬眠《とうみん》とかってするんだっけ？」

「ぼくはしないな〜。冬《ふゆ》は、おうちのコタツの中《なか》にいるからね」

これにはびっくりだ！　こんなでっかいカメがコタツの中《なか》にいるなんて、人間《にんげん》の入《はい》る場所《ばしょ》がなくなるなとわたしは思《おも》った。

「ところで、あんた、なんでわたしの家《いえ》に来《き》たの？」

「ぼくのママね、未来《みらい》ちゃん・きららちゃんママのお友《とも》だちなんだよ」

ママ……？　うちのかあちゃんは「ママ」なんて柄《がら》じゃないぞ。

わたしは思《おも》わず吹《ふ》き出《だ》しそうになった。

「今日《きょう》、ぼくはここに初《はじ》めてつれてきてもらったんだ。なんてったって、この体《からだ》の大《おお》きさだからね。車《くるま》に乗《の》ったり、降《お》りたりするのもかんたんじゃない」

「ずいぶんデカいから、そりゃ重《おも》たいだろうね」

ももちゃんの体重《たいじゅう》は50キロ！　なんとうちのかあちゃんより重《おも》たいんだ！

「今《いま》はデカいけど、赤《あか》ちゃんの時《とき》はね、人間《にんげん》の手《て》のひらに乗《の》るくらいの大《おお》きさだったんだよ」

頭《あたま》がこんがらがってきた。手《て》のひらに乗《の》るカメがこんなに大《おお》きくなるなんて、まるで手品《てじな》みたいだ。しかも、わたしたち犬《いぬ》を見《み》てもこわがる様子《ようす》も、にげる様子《ようす》もない。

ももちゃんは、未来《みらい》ねーちゃんのことが気《き》に入《い》ったのか、未来《みらい》ねーちゃんに向《む》かってずんずん歩《ある》いていく。

「あんた、犬《いぬ》を見《み》てもこわくないの?」

普通《ふつう》のカメなら首《くび》も足《あし》も甲羅《こうら》の中《なか》にひっこめちゃって、ガメラが空《そら》を飛《と》んでる時《とき》みたいなポーズになるはずなのに、犬《いぬ》のわたしたちを見《み》ても平気《へいき》なんて変《へん》なカメだ。

「カメはすっごく臆病《おくびょう》だから、他《ほか》のカメは、犬《いぬ》なんて見《み》たら、すぐ頭《あたま》ひっこめちゃって石《いし》みたいにかたまるだろうね!」

「じゃあ、あんたは普通《ふつう》のカメじゃないってこと？」

「ぼくねー！　ずっと犬《いぬ》とくらしてきたから、犬《いぬ》とはすごく仲良《なかよ》しなんだ」

ももちゃんは、わたしの前《まえ》を素通《すどお》りして、未来《みらい》ねーちゃんに向《む》かってのっし、のっしと、ますます近《ちか》づいていった。これ以上前《いじょうまえ》に進《すす》むとぶつかっちゃうぞ！

そしてついに……ぐい〜っと、首《くび》をのばして未来《みらい》ねーちゃんの顔《かお》にチュッとキスまでしちゃったんだ！　いくら男《おとこ》の子《こ》だからって、カメが犬《いぬ》にキスするなんてびっくりだ！

それにしても、どうして、わたしじゃなくて未来《みらい》ねーちゃんなんだ？

やっぱりご長寿《ちょうじゅ》のももちゃんは、同《おな》じくご長寿《ちょうじゅ》の未来《みらい》ねーちゃんが好《す》きなのかな？

「ねえ、未来《みらい》ちゃん、ぼくの背中《せなか》に乗《の》ってみる？」

「え？　カメの甲羅《こうら》に乗《の》るの？　重《おも》くないの？」わたしはびっくりして聞《き》いた。

「うーん……ぼくの甲羅《こうら》は頑丈《がんじょう》だから、小学生《しょうがくせい》くらいの子《こ》どもでも余裕《よゆう》で乗《の》せて歩《ある》けるよ！」

ふうん……そんなに頑丈《がんじょう》なのか……。それにしても、どうして未《み》来《らい》ねーちゃんばっかりなんだ！

「かあちゃん！　未来《みらい》ねーちゃん、ももちゃんの上《うえ》に乗《の》ってもだいじょうぶ？」

こわがりなわたしは、とてもじゃないけど、カメの上《うえ》に乗《の》ることなんてできない！

すると、未来《みらい》ねーちゃんが「じゃあ、あたしが、乗《の》ってみるよ」と平気《へいき》な顔《かお》で言《い》った。

試《ため》しにかあちゃんに頼《たの》んで乗《の》っけてもらうと……、ももちゃんは、未来《みらい》ねーちゃんを背中《せなか》に乗《の》せてのっそ、のっそと歩《ある》き始《はじ》めた。

「うーん！　こりゃ楽《たの》しい！　この年《とし》になって、かあちゃんのささえ無《な》しじゃお散歩《さんぽ》できなくなっていたから最高《さいこう》だ。目線《めせん》も高《たか》くなって、なんか、偉《えら》くなったように感《かん》じるぞ！」

未来《みらい》ねーちゃんは、17歳《さい》とは思《おも》えないほど元気《げんき》に、楽《たの》しそうに言《い》った。

「カメの背中《せなか》に乗《の》ってお散歩《さんぽ》なんて、いいことがありそうだよ！ きらら、あんたも乗《の》ってみる？」

わたしは、こわくなって思《おも》わずワンワンとほえた。

「きららちゃんは、未来《みらい》ちゃんとちがって、こわがりなんだね」

ももちゃんが、未来《みらい》ねーちゃんに言《い》った。

「まあね！ わたしも、きららも、もとは、捨《す》て犬《いぬ》なんだ。わたしは、人間《にんげん》にいじめられて、右目《みぎめ》と後《うし》ろ足《あし》を切《き》られて捨《す》てられたんだよ……。すっごくこわくて、悲《かな》しかったけど、かあちゃんの家《いえ》にもらわれて、あっという間《ま》の17年《ねん》だったなあ……。昔《むかし》、いやなことがあっても、今《いま》はしあわせいっぱいだ！」

「たいへんだったんだね……。なんか、未来《みらい》ちゃんの話《はなし》を聞《き》くと、ぼくのママが、子《こ》どものころに飼《か》っていたカメのお話《はなし》を思《おも》い出《だ》しちゃうなあ……」

未来《みらい》ねーちゃんとももちゃん、ずいぶん気《き》が合《あ》うようだ。

「なんで？　あんたのママが飼《か》ったカメも未来《みらい》ねーちゃんみたいに、いじめられて捨《す》てられたの？」わたしは思《おも》わず聞《き》いた。

「うん……クサガメの亀吉《かめきち》……飼《か》い主《ぬし》に捨《す》てられて、ぼくのママが拾《ひろ》ったんだ……。うーんと昔《むかし》の話《はなし》だけどね」

「カメも人間《にんげん》に捨《す》てられちゃうの？」

「赤《あか》ちゃんの時《とき》は小《ちい》さくて可愛《かわい》いから、人間《にんげん》はかんたんにペットにしちゃうんだ……でも飼《か》いきれないからって、川《かわ》や池《いけ》に捨《す》てちゃうんだよな」

いらなくなって捨《す》てられるペットは犬《いぬ》やネコだけかと思《おも》いきや、そうではないらしい。

自分《じぶん》で飼《か》ったくせに、カメやヘビなど爬虫類《はちゅうるい》も捨《す》てちゃうなんて、人間《にんげん》ってほんとうにわるい生《い》き物《もの》だ。それだけじゃない。ペットショップで売《う》られている爬虫類《はちゅうるい》の多《おお》くはもともと外国《がいこく》から入《はい》ってきたんだ。そして、ペットの爬虫類《はちゅうるい》が、川《かわ》や池《いけ》に捨《す》てられて自然《しぜん》に繁殖《はんしょく》して増《ふ》えると、これまでの日本《にほん》の自然環境《しぜんかんきょう》を変《か》えちゃうこともあるんだ。

そうなるとこまるのは結局人間《けっきょくにんげん》なのに、人間《にんげん》はぜんぜんわかってないんだなあー。

「ねえ、未来《みらい》ねーちゃん？」

未来《みらい》ねーちゃんを見《み》ると、気《き》ももちいいのか、ももちゃんの甲羅《こうら》の上《うえ》でうとうとねむっている。

これが本当《ほんとう》の犬《いぬ》の甲羅干《こうらぼ》し！

「鶴《つる》は千年《せんねん》、亀《かめ》は万年《まんねん》って言《い》ってさ、ぼくたちカメはご長寿《ちょうじゅ》で、縁《えん》起《ぎ》のいい生《い》き物《もの》なんだよ。未来《みらい》ちゃんも今日《きょう》、ぼくの背中《せなか》に乗《の》ったからきっと元気《げんき》で長生《ながい》きできるね！」

「えー！　本当《ほんとう》？　未来《みらい》ねーちゃん、20歳《はたち》まで生《い》きられる？」

ももちゃんは、U《ユー》ターンして速度《そくど》をはやめた。未来《みらい》ねーちゃんはおきるようすもなく、グースカ甲羅干《こうらぼ》ししている。

「未来《みらい》ねーちゃんが乗《の》ってるのに、上手《じょうず》に歩《ある》けるもんだね」

「ぼくの家《いえ》にもね、犬《いぬ》のパピコときのこがいたんだよ。後《あと》から来《き》た犬《いぬ》のきのこは、毎日《まいにち》のようにぼくの上《うえ》に乗《の》っていたからさ！　なつかしいなあ……未来《みらい》ちゃんを乗《の》っけていると、きのこを思《おも》い出《だ》しちゃうよ」

「その子《こ》たちどうしちゃったの？」

「天国《てんごく》にいったよ。ぼくは、パピコやきのこより年上《としうえ》だけど、あとから生《う》まれたパピコもきのこも天国《てんごく》にいくのを見送《みおく》らなきゃならなかったんだ……。ぼくたちリクガメは、犬《いぬ》の何倍《なんばい》も、長生《ながい》きするからね……」

「ふーん……長生《ながい》きしていると、みんな先《さき》に天国《てんごく》にいっちゃうんだね……寂《さび》しいね……」

わたしがシュンとして言《い》うと、ももちゃんは、

「そうだね……。ぼくは、もしかしたら、ママより長生《ながい》きするかもしれないなあ……」と、言《い》った。

その言葉《ことば》にわたしは思《おも》わず「えー！」とさけんだ。飼《か》い主《ぬし》がいなくちゃわたしたちペットは生《い》きてはいけない。とたんにももちゃんのことが心配《しんぱい》になった。

「……長生《ながい》きペットも人間《にんげん》にとってはやっかいなんだよね。長生《ながい》きするから飼《か》いきれない。で、捨《す》てる……」

「あんたも、ペットとして、人間《にんげん》に飼《か》われているんでしょ？　あんたより先《さき》に飼《か》い主《ぬし》さんが死《し》んだらあんたどうなっちゃうの？」

「うん！　大丈夫《だいじょうぶ》だよ！」

みょうに自信満々《じしんまんまん》！　堂々《どうどう》としている。

「ところで、あんた、なんで今《いま》の飼《か》い主《ぬし》さんの家《いえ》に来《き》たの？」

「ぼくのママが、カメに特別《とくべつ》な思《おも》いがあったからなんだ」

「カメが好《す》きだったの？」

「うーん……。そうじゃなくって、ぼくのママが子《こ》どもの時《とき》に、捨《す》てられた亀吉《かめきち》をひろったたって言《い》ったたでしょう？　あれから40年《ねん》くらいたったんだなあ……」

その話《はなし》ならさっき聞《き》いた！

「ねえ、その亀吉《かめきち》が原因《げんいん》で、あんたがここにいるの？」

「うん……。ぼくがママの家族《かぞく》になったのは、ママと亀吉《かめきち》との出会《であ》いがあったからなんだ」

なにやら大切《たいせつ》なわけがあるらしい。それにしてももじれったいな。

さっさと話《はな》せばいいのにー。わたしはせかすように、ももちゃんにむかってワンワンほえた。

「あんたのママは、亀吉《かめきち》をたすけたんでしょう？　わたしや未来《みらい》ねーちゃんが、かあちゃんにたすけてもらったみたいに……」

「うん……。でも……死《し》んじゃった……」

「そりゃ、40年《ねん》も前《まえ》だもん。寿命《じゅみょう》だったんじゃないの？」

「そうじゃない……」

するとももちゃんは、突然《とつぜん》、首《くび》をぐいっとお日様《ひさま》に向《む》けて、言《い》った。

「ぼくのママはね……、亀吉《かめきち》に、大《おお》きな〝ごめんなさい〟をつくっちゃったんだ」

「亀吉《かめきち》に、何《なに》か悪《わる》いことをしたの?」
わたしが聞《き》くと、ももちゃんは、大《おお》きな目《め》を何度《なんど》かまばたきして
ゆっくりと話《はな》しはじめた。

それは今《いま》から40年《ねん》以上前《いじょうまえ》のこと——。
ももちゃんママが小学校三年生《しょうがっこうさんねんせい》の時《とき》のことだったという。
長《なが》い話《はなし》になりそうだ。
今日《きょう》は雲《くも》ひとつないお天気《てんき》!
未来《みらい》ねーちゃんはねむっちゃったし、ここはひとつ、わたしがも

もちゃんの話《はなし》をしっかり聞《き》いて、あとで、未来《みらい》ねーちゃんに教《おし》えて
あげることにしよう――。

由美《ゆみ》ちゃんと亀吉《かめきち》との出会《であ》い

その昔《むかし》――――！

ももちゃんママこと由美《ゆみ》ちゃんは、現在《げんざい》の静岡県伊豆《しずおかけんいず》の国市《くにし》でくらしていた元気《げんき》な女《おんな》の子《こ》だった。

その日《ひ》は、夏休《なつやす》みで、日曜日《にちようび》。快晴《かいせい》で、さわやかな夏《なつ》の朝《あさ》だったという。

「おーい！　でかけるぞ！」

お父《とう》さんによばれた由美《ゆみ》ちゃんは、元気《げんき》に表《おもて》に飛《と》び出《だ》して、お父《とう》さんといっしょに畑《はたけ》へと向《む》かった。会社《かいしゃ》づとめをしながら、農家《のうか》を営《いとな》むお父《とう》さんの休日《きゅうじつ》はいそがしい。

春《はる》には田植《たう》え、秋《あき》には稲刈《いねか》り、夏《なつ》には草刈《くさか》りや、野菜作《やさいづく》りなどの多《おお》くの農作業《のうさぎょう》がまっているからだ。

由美《ゆみ》ちゃんも学校《がっこう》が休《やす》みの日《ひ》には、お父《とう》さんといっしょに農作業《のうさぎょう》の手伝《てつだ》いをする。

由美《ゆみ》ちゃんは近《ちか》くを流《なが》れる深沢川《ふかざわがわ》のほとりを歩《ある》きながら、歌《うた》を歌《うた》いながらスキップをして農道《のうどう》を進《すす》んだ。大好《だいす》きなお父《とう》さんといっしょにいられる時間《じかん》が楽《たの》しくて仕方《しかた》がなかったんだ。

農作業《のうさぎょう》が終《お》わると、お父《とう》さんは農機具《のうきぐ》を近《ちか》くの深沢川《ふかざわがわ》であらうのが決《き》まりだ。

由美《ゆみ》ちゃんもいつものようにお父《とう》さんの後《あと》を追《お》って、川《かわ》に向《む》かった。

すると、農機具《のうきぐ》をごしごしあらっていたお父《とう》さんが、川《かわ》の中《なか》を指《ゆび》さしてさけんだ。

もともと動物《どうぶつ》が大好《だいす》きだった由美《ゆみ》ちゃんは、大急《おおいそ》ぎで走《はし》りより、お父《とう》さんの指《ゆび》さす方《ほう》を見《み》ると、１匹《びき》のクサガメが、川《かわ》の中《なか》でもがいているのが見《み》えた。

クサガメはペットとしてよく飼《か》われているミズガメだ。

「それが、亀吉《かめきち》だったの？」

わたしが聞《き》くと、ももちゃんが太《ふと》い首《くび》をタテにふってうなずいた。

お父《とう》さんがカメをひろい上《あ》げて、由美《ゆみ》ちゃんに手《て》わたすと、由美《ゆみ》ちゃんはほっとしたようにカメを抱《だ》きかかえた。ところが安心《あんしん》したのも束《つか》の間《ま》、よく見《み》ると、カメの甲羅《こうら》の右下《みぎした》あたりにドリルであけたような穴《あな》がある。

由美《ゆみ》ちゃんはそれがすぐに、ひもでつなぎ止《と》めるためにあけられた穴《あな》だとわかった。

「甲羅《こうら》に穴《あな》をあけて、つないでいたってこと？　じゃあそのカメは人間《にんげん》に飼《か》われていたカメで、捨《す》てられたってことだね」

わたしは、ももちゃんにきいた。

「そういうこと……。あきちゃったとか、世話《せわ》が面倒《めんどう》だとか、捨《す》てる理由《りゆう》はいろいろあるけど、とにかく飼《か》い主《ぬし》に捨《す》てられて川《かわ》でもがいていたところをお父《とう》さんが発見《はっけん》した。

由美《ゆみ》ちゃんは、甲羅《こうら》にあけられた穴《あな》がすっごくショックで捨《す》てられたカメを、ほうっておくことができなかったんだ……」

由美《ゆみ》ちゃんはその後《ご》、カメを自宅《じたく》につれて帰《かえ》り〝亀吉《かめきち》〟と名《な》づけ、大切《たいせつ》に飼《か》いはじめたという。

人間《にんげん》に捨《す》てられちゃうなんて、亀吉《かめきち》と未来《みらい》ねーちゃんやわたしは同《おな》じだなあと思《おも》った。

亀吉《かめきち》をつれて帰《かえ》った由美《ゆみ》ちゃんは、一所懸命《いっしょけんめい》世話《せわ》をして、亀吉《かめきち》のことをすっごく可愛《かわい》がった。人間《にんげん》に、捨《す》てられた分《ぶん》、絶対《ぜったい》に大切《たいせつ》に飼《か》おうと思《おも》ったんだ。

やがて秋《あき》が来《き》て、冬《ふゆ》が近《ちか》づくと、亀吉《かめきち》は冬眠《とうみん》の時期《じき》をむかえることなる。

大切《たいせつ》なのはここからだ。爬虫類《はちゅうるい》のカメは、体《からだ》の温度《おんど》が変《か》わる変温《へんおん》動物《どうぶつ》で外《そと》の気温《きおん》に左右《さゆう》される生《い》き物《もの》。クサガメは気温《きおん》が15度《ど》を下回《したまわ》ると冬眠《とうみん》する。

わたしたち犬《いぬ》みたいに、体温《たいおん》を調節《ちょうせつ》できないから、命《いのち》を守《まも》るために土《つち》や水《みず》の中《なか》にもぐりこんで冬《ふゆ》を越《こ》すのだという。

「でも、あんたは冬眠《とうみん》しないんでしょう？」

「一年《いちねん》を通《とお》してあったかい場所《ばしょ》で生息《せいそく》している野生《やせい》のリクガメは冬《とう》眠《みん》しないね。日本《にほん》は寒《さむ》いけど、ぼくは人間《にんげん》の家族《かぞく》！　外《そと》の気温《きおん》が20度《ど》を下回《したまわ》ると、お庭《にわ》から家《いえ》の中《なか》へぼくの居場所《いばしょ》がかわるから、冬眠《とうみん》しないんだよ。特《とく》にお気《き》に入《い》りの場所《ばしょ》はコタツ！」

なるほど！　たしかにコタツはあったかいぞ！

「でも、普通《ふつう》のカメにとってはどうなの？　暖《あたた》かい場所《ばしょ》で冬眠《とうみん》なしでいる方《ほう》が心地《ここち》いいの？　それとも寒《さむ》い時期《じき》には冬眠《とうみん》した方《ほう》がいいの？」

「ぼく、冬眠《とうみん》したことないからわからない！」

そりゃそうだ！　人間《にんげん》のペットとして飼《か》われているももちゃんに聞《き》いてもわかるはずがない。

「でもね……。人間《にんげん》がペットのカメを冬眠《とうみん》させるのはかなりの知識《ちしき》が必要《ひつよう》なんだ」

例《たと》えば、冬眠《とうみん》する場所《ばしょ》、冬眠前《とうみんまえ》の健康管理《けんこうかんり》やえさやり、冬眠中《とうみんちゅう》のチェック、冬眠《とうみん》からさめるタイミングの立《た》ち上《あ》げなど、たくさん勉《べん》強《きょう》しないと冬眠中《とうみんちゅう》にカメが死《し》んでしまうこともあるという。

中《なか》には、冬眠《とうみん》させれば「冬《ふゆ》の間《あいだ》、世話《せわ》をする必要《ひつよう》がない」「電気代《でんきだい》やえさ代《だい》がかからない」と考《かんが》える飼《か》い主《ぬし》もいるそうだ。

命《いのち》をあずかった以上《いじょう》、世話《せわ》をしたり、ごはん代《だい》がかかるのは当《あ》たり前《まえ》だ。病気《びょうき》になれば治療代《ちりょうだい》だってかかる。カメだろうと犬《いぬ》だろうとペットとしてむかえたのは人間《にんげん》じゃないか！　それをケチるなら最初《さいしょ》から飼《か》わなければいいのに——、とわたしはむっとした。

「まあ、まあ……」

ももちゃんがゆっくりまばたきをしてわたしをたしなめた。

「ところで……、まず、川《かわ》や沼《ぬま》が生息地《せいそくち》のミズガメの冬眠方法《とうみんほうほう》は、水《みず》の中《なか》と土《つち》の中《なか》の２種類《しゅるい》あるんだ」

「どうやって冬眠《とうみん》させるの？」

「ペットのカメを土《つち》の中《なか》で冬眠《とうみん》させる場合《ばあい》には、冬眠《とうみん》させたい場所《ばしょ》にカメをつれて行《い》ってカメが自分《じぶん》から土《つち》の中《なか》にもぐるのをまって冬《とう》眠《みん》させるんだ」

冬眠前《とうみんまえ》には腐葉土《ふようど》（つもった落《お》ち葉《ば》が分解《ぶんかい》されてできたやわらかな土《つち》）と落《お》ち葉《ば》を飼《か》い主《ぬし》が用意《ようい》してカメがもぐりやすい状態《じょうたい》にし、冬《ふゆ》を越《こ》させるという。また体《からだ》が乾《かわ》くのをふせぐために、もぐった後《あと》は土《つち》をかぶせて乾燥《かんそう》をふせぐようにしなければならない。

大切《たいせつ》なのは冬眠場所《とうみんばしょ》は、暗《くら》くて日当《ひあ》たりの悪《わる》い場所《ばしょ》をえらぶこと。日当《ひあ》たりの良《よ》い場所《ばしょ》だとカメの体温《たいおん》が上《あ》がって活動《かつどう》を始《はじ》めてしまう。冬眠中《とうみんちゅう》は春《はる》まで温度《おんど》に注意《ちゅうい》しながらカメがおきないよう気《き》をつけなければならないというんだ。

「……ふうう……、ずいぶん、大変《たいへん》なんだね……」

カメを飼《か》うには細《こま》やかなお世話《せわ》が必要《ひつよう》だ。

うちのかあちゃん結構《けっこう》ザツだから、カメは飼《か》っちゃいけないなと、わたしは思《おも》った。

「もうひとつの方法《ほうほう》が水槽《すいそう》の中《なか》での冬眠《とうみん》。その場合《ばあい》、水《みず》を深《ふか》めに入《い》れて水温《すいおん》を5度《ど》から15度《ど》くらいにたもつようにしなくちゃいけないから日《ひ》かげのベランダなんかに置《お》く飼《か》い主《ぬし》もいるよ」

「水槽《すいそう》なんておぼれないの？」

「冬眠中《とうみんちゅう》は皮膚《ひふ》から酸素《さんそ》をとり入《い》れて呼吸《こきゅう》するからおぼれないけど、おきている時《とき》はおぼれちゃうから、ちゃんと水槽《すいそう》から顔《かお》が出《で》るようにしてあげなくちゃいけない」

「ややこしいんだね……」またまた頭《あたま》がこんがらがってきた。

カメなんて水槽《すいそう》だけ準備《じゅんび》すればいいと思《おも》っていたけど、世話《せわ》が焼《や》けるペットなんだなあ。

「とにかくさ、野生《やせい》のカメとちがって、ペットのカメは飼育場所《しいくばしょ》が暖《あたた》かければ冬眠《とうみん》する必要《ひつよう》はないんだから、飼《か》い主《ぬし》が水槽《すいそう》にヒーターを入《い》れるなりして保温《ほおん》すれば、一年中《いちねんじゅう》、同《おな》じように飼《か》うことができる。人間《にんげん》がペットのカメを冬眠《とうみん》させるのはかんたんじゃないからね。

カメを大切《たいせつ》に飼《か》うためには、水槽《すいそう》の水《みず》を１週間《しゅうかん》に一度《いちど》かえたり、水槽《すいそう》をそうじしたり、一年中温度管理《いちねんじゅうおんどかんり》をしたり、けっこう大変《たいへん》なんだ。

冬《ふゆ》は停電《ていでん》になった時《とき》のことも考《かんが》えなくちゃならない。停電《ていでん》した時《とき》のために、使《つか》い捨《す》てカイロを用意《ようい》している飼《か》い主《ぬし》さんだっているよ」

「それはそれで大変《たいへん》そうだね」

「小学生《しょうがくせい》で、初《はじ》めてカメを飼《か》った由美《ゆみ》ちゃんは、こういうことをまったく知《し》らなかったんだ」

やがて秋《あき》が深《ふか》まり、気温《きおん》が下《さ》がると、変温動物《へんおんどうぶつ》の亀吉《かめきち》はほとんど動《うご》かなくなった。

ごはんも食《た》べなくなった。

それを見《み》てすごく心配《しんぱい》になった由美《ゆみ》ちゃんが、学校《がっこう》の図書室《としょしつ》にあった動物図鑑《どうぶつずかん》でしらべてみると「冬《ふゆ》にカメは冬眠《とうみん》する」と書《か》かれていたという。

「で、冬眠《とうみん》させたんでしょう?」

「うん。図書室《としょしつ》の図鑑《ずかん》の中《なか》に、土《つち》の中《なか》でねむるカメの絵《え》があって、その通《とお》り土《つち》の中《なか》で冬眠《とうみん》させなくちゃ亀吉《かめきち》が死《し》ぬと思《おも》ったんだね。冬《とう》眠《みん》させれば、春《はる》にはまた元気《げんき》な亀吉《かめきち》に会《あ》える！　と考《かんが》えたんだよ。だから……、図鑑《ずかん》の絵《え》の通《とお》りに亀吉《かめきち》を……、庭《にわ》に埋《う》めちゃったんだ……」

その後《ご》、亀吉《かめきち》が由美《ゆみ》ちゃんの前《まえ》に姿《すがた》を現《あらわ》すことは二度《にど》となかった。

「冬眠《とうみん》のさせ方《かた》」を知《し》らず、無理《むり》やり埋《う》めたため、窒息《ちっそく》という事故《じこ》につながり亀吉《かめきち》の冬眠《とうみん》が失敗《しっぱい》に終《お》わったんだ。

「亀吉《かめきち》が自分《じぶん》から土《つち》にもぐるってのが大切《たいせつ》だったんだね……それか、ヒーターを準備《じゅんび》して冬眠《とうみん》なしで飼《か》っていれば、亀吉《かめきち》も死《し》なずにすんだんだろうね」

人間《にんげん》がわたしたち動物《どうぶつ》を飼《か》うためには、たくさん勉強《べんきょう》をしなくちゃいけない。

かあちゃんたちも、犬《いぬ》のことはずいぶん勉強《べんきょう》しただろうし、世話《せわ》を面倒《めんどう》だと思《おも》ったことはないはずだ。命《いのち》をあずかる責任《せきにん》ってのは、そういうことなんだ。わたしと未来《みらい》ねーちゃんは、かあちゃんたちのそんな責任感《せきにんかん》と愛情《あいじょう》の中《なか》で、これまで、しあわせに生《い》きてきたんだなあ。

由美《ゆみ》ちゃんも……、捨《す》てられた亀吉《かめきち》をしあわせにしてあげたいと思《おも》って飼《か》い始《はじ》めたのに……すごく悲《かな》しかっただろうな……。

由美《ゆみ》ちゃんはそのことが忘《わす》れられず、ずっと亀吉《かめきち》にあやまりたいと思《おも》っていたんだ……。

でも……、死《し》んでしまった亀吉《かめきち》はもう帰《かえ》ってこない。

命《いのち》に対《たい》するチャレンジに失敗《しっぱい》はゆるされない。

ももちゃんが言《い》っていた亀吉《かめきち》への「ごめんなさい」は、このことかと、わたしはみょうに納得《なっとく》した。

その時《とき》から由美《ゆみ》ちゃんにとって、カメって生《い》き物《もの》は特別《とくべつ》なものになったんだ。

うちのかあちゃんは、捨《す》て犬《いぬ》だった未来《みらい》ねーちゃんやわたしを、絶対《ぜったい》しあわせにしたいと思《おも》って家族《かぞく》にむかえたという。もし、その願《ねが》いがかなえられず、わたしたちが、早《はや》くに死《し》んじゃったらすごくつらかっただろうな……。

そう思《おも》うとがぜんこの先《さき》も、元気《げんき》で長生《ながい》きしなくちゃと、わたしは、亀吉《かめきち》の話《はなし》を聞《き》いて思《おも》った。

ももちゃんママと、ももちゃんの出会《であ》い

亀吉《かめきち》の冬眠《とうみん》が失敗《しっぱい》に終《お》わって10年《ねん》以上《いじょう》がすぎた。

ももちゃんママ（由美《ゆみ》ちゃん）は、大学生《だいがくせい》になったけど、亀吉《かめきち》のことが心《こころ》の中《なか》から消《き》えることはなかった。亀吉《かめきち》への罪《つみ》ほろぼしがしたいとずっと思《おも》っていたんだ。

でも、かんたんにカメを飼《か》うことはできない。亀吉《かめきち》で失敗《しっぱい》したように、飼育《しいく》もかんたんじゃない。そして何《なに》よりカメは犬《いぬ》やネコとは

くらべ物《もの》にならないほどの長生《ながい》きだ。

亀吉《かめきち》との悲《かな》しい思《おも》い出《で》を背負《せお》ったまま、亀吉《かめきち》への「罪《つみ》ほろぼし」をどうするべきか、ずっと考《かんが》え続《つづ》けているうちに、ももちゃんママは大学《だいがく》の卒業式《そつぎょうしき》をむかえた。そして、その1年後《ねんご》に大学《だいがく》の野生動物《やせいどうぶつ》の研究会《けんきゅうかい》で小笠原諸島《おがさわらしょとう》のアオウミガメやザトウクジラを研究《けんきゅう》していた男《おとこ》の人《ひと》と結婚《けっこん》することになったんだ。

この時《とき》、ももちゃんママは重大《じゅうだい》な決意《けつい》をする。

この結婚《けっこん》をキッカケに、亀吉《かめきち》への「ごめんなさい」を、一所懸命《いっしょけんめい》、つぐなおうと決心《けっしん》したんだ。

ダンナさんが動物好《どうぶつず》きだったことが、ももちゃんママの気《き》もちを後《あと》おししたという。

これにはピンと来《き》た！

「結婚《けっこん》と同時《どうじ》にカメを飼《か》うことにしたんでしょ？　で、それがあんた！」

「うん。ぼくのママね、婚約指輪《こんやくゆびわ》のかわりにカメがほしいって、パパにおねだりしたんだ」

「なんだって？　ダイヤモンドの指輪《ゆびわ》のかわりにカメ？」

「うん！　その時《とき》、ぼくの大《おお》きさは5センチしかない赤《あか》ちゃんだったからね～。タンタカターン♬　タンタカターン♬　で、パパがママの手《て》のひらに小《ちい》さなぼくをチョコンっと乗《の》せて結婚《けっこん》を申《もう》しこんだんだよ！」

なんかカメにはにあわないロマンチックな展開《てんかい》になってきたな！

「死《し》んだ亀吉《かめきち》の分《ぶん》までしあわせで長生《ながい》きできるように、百歳（ももとせ）から、ももちゃんって名前《なまえ》をつけてもらったんだ」

「あんたってダイヤモンドのかわりなんだね！」

わたしは、ももちゃんの甲羅《こうら》の模様《もよう》をまじまじと見《み》た。とたんに光《ひかり》かがやいて見《み》えてくる。

「あんたの名前《なまえ》には、亀吉《かめきち》への願《ねが》いがこめられてるんだね！　わたしたちの名前《なまえ》にもたくさんの思《おも》いがこめられてるよ！　未来《みらい》ねーちゃんは、捨《す》てられて、死《し》んでいった多《おお》くの犬《いぬ》たちの命《いのち》の分《ぶん》までしあわせに、未来《みらい》を生《い》きてほしいって願《ねが》いをこめて、未来《みらい》！　わたしの名前《なまえ》は、きらきらの未来《みらい》がありますように、って願《ねが》いをこめて、きららなんだ！」

あんた、婚約指輪《こんやくゆびわ》のかわりなんだね!

「へぇ！　ぼくたち、死《し》んだ仲間《なかま》の分《ぶん》までしあわせを背負《せお》ってるんだね！　じゃあがんばって長《なが》生《い》きしなくちゃ！」

「そうだね！　ところで、婚約指輪《こんやくゆびわ》のかわりに赤《あか》ちゃんのあんたがやってきたってことは……あんたのパパとママも結婚《けっこん》して27年《ねん》たったってことか。まさに家族《かぞく》の歴史《れきし》の生《い》き証人《しょうにん》（カメ）みたいなもんだね。あんたはパパとママの歴史《れきし》をずっと見《み》てきたんだ……」

「カメはね、甲羅《こうら》のつなぎ目《め》部分《ぶぶん》が成長《せいちょう》していって年輪《ねんりん》みたいになるんだ。ぼくの甲羅《こうら》がパパとママの歴史《れきし》だよ！　すごいでしょ？」

27年《ねん》のペット人生《じんせい》なんて聞《き》いたことがない。大《おお》きさ5センチでスマートフォンの半分《はんぶん》くらいの重《おも》さの60グラムだったカメが27年《ねん》という歳月《さいげつ》をへて、体長《たいちょう》80センチで、体重《たいじゅう》50キロを超《こ》す巨大《きょだい》カメになってるんだ。

なんか想像《そうぞう》できないけど……、すっごく成長《せいちょう》するんだなあ……。しかもこれからも家族《かぞく》の歴史《れきし》を甲羅《こうら》にきざんでいけるなんて、長生《ながい》きのカメだからなせる業《わざ》だ。カメってのろまで、どんくさい動物《どうぶつ》だと思《おも》っていたけど、壮大《そうだい》なスケールでドラマチックなペットなんだなあ。

「あんたはまだまだ大《おお》きくなるの？」

「まだ大《おお》きくなるだろうね」

「そいでもって、まだまだ長生《ながい》きできるね」

「まだまだ長生《ながい》きできるだろうなあ……。体調管理《たいちょうかんり》もすっごくきちんとしてもらっているし、ぼくの家族《かぞく》はぼくを大切《たいせつ》にしてくれてるよ。これまで病気《びょうき》もしたことないし、おいしいお野菜《やさい》ももりもり食《た》べて、元気《げんき》いっぱいだ！　未来《みらい》ちゃんやきららちゃんが20歳《はたち》を目指《めざ》すなら、ぼくは百歳（ももとせ）の名前《なまえ》の通《とお》り、１００歳《さい》を目指《めざ》すよ」

「それはいいけど……、１００歳《さい》まで生《い》きるなら、あんたはあと70年《ねん》以上《いじょう》も生《い》きるってことでしょう？　あんたのママより長生《ながい》きしちゃうよ……」

わたしはそれが気《き》がかりだった。

「大丈夫《だいじょうぶ》！　ぼくにはひよりちゃんがいるから！」

「誰《だれ》？　それ？」

わたしが聞《き》くと、ももちゃんはももちゃんママたちと、いっしょに来《き》ていた可愛《かわい》い女《おんな》の人《ひと》を見《み》てまばたきした。

ひよりちゃんは、ももちゃんママの娘《むすめ》だ。

「ひよりちゃんって、あんたのお姉《ねえ》ちゃんなの？」

「ちがうよ！　ひよりちゃんはぼくより年下《としした》！　ぼくはひよりちゃんが生《う》まれた日《ひ》のことだっておぼえているんだ！」

「えー！」

聞《き》くと、ひよりちゃんは26歳《さい》で、ももちゃんより1歳年下《さいとしした》。大学《だいがく》を卒業《そつぎょう》して、今《いま》では小学校《しょうがっこう》の先生《せんせい》になって毎日元気《まいにちげんき》に子《こ》どもたちとすごしているという。

お産《さん》に立《た》ち会《あ》った赤《あか》ちゃんのひよりちゃんが大人《おとな》になっても、まだまだこれからの人生《じんせい》（カメ生《せい》）があるなんて、やっぱりカメの命《いのち》

ももちゃんファミリーと記念撮影《きねんさつえい》！

のスケールは壮大《そうだい》だ！

「ひよりちゃんは、ずっとぼくといっしょに育《そだ》ってきたからね！ママがぼくのめんどうを見《み》られなくなったら、ひよりちゃんがお世《せ》話《わ》をしてくれるよ！」

「〝ツルの〟恩返《おんがえ》しならぬ、〝カメに〟恩返《おんがえ》しってやつか……」

「ぼく、ひよりちゃんの結婚式《けっこんしき》にも招待《しょうたい》されることが決《き》まってるんだ！」

ひよりちゃんは、間《ま》もなく結婚予定《けっこんよてい》で、ひよりちゃんのかねてからの願《ねが》いでバージンロードをももちゃんといっしょに歩《ある》くというのだ。

「あんた、本当《ほんとう》に家族《かぞく》に愛《あい》されてるんだね」

親子《おやこ》2代《だい》、3代《だい》でももちゃんのお世話《せわ》をすれば、なるほど100年《ねん》生《い》きても安泰《あんたい》だ。

親子《おやこ》3代《だい》の家族《かぞく》の歴史《れきし》の生《い》き証人《しょうにん》になれば、お世話《せわ》どころか、両手《りょうて》を合《あ》わせておがみたくもなる。

カメってますます神秘的《しんぴてき》で、不思議《ふしぎ》な生《い》き物《もの》だ……。

犬《いぬ》のわたしから見《み》れば100年《ねん》なんて、死《し》んで、また6回《かい》は生《う》まれ変《か》われるなと思《おも》った。

「あんた、そのうちひよりちゃんのお産《さん》にも立《た》ち会《あ》うことになるかもね」

「うん！　長生《ながい》き、長生《ながい》き！　楽《たの》しみいっぱいだよ」

ももちゃんの長生《ながい》きに、困《こま》ったことはなさそうだ！

わたしはほっと胸《むね》をなでおろした。

今日《きょう》はお天気《てんき》も良《よ》くて、午後《ごご》のお庭《にわ》はやわらかな日差《ひざ》しでぽかぽか気《き》もちいい。

未来《みらい》ねーちゃんを見《み》ると、まだグースカ甲羅《こうら》干《ぼ》しを楽《たの》しんでいる。

おばあちゃんになってから寝《ね》る時間《じかん》がうんと長《なが》くなったんだ。

ももちゃんも、甲羅《こうら》の上《うえ》で寝《ね》そべっている未来《みらい》ねーちゃんのことはおかまいなしで、のんびりわがやのお庭《にわ》を探索《たんさく》している。

「ねえ、あんたはふだんおうちの中《なか》でママやひよりちゃんたちといっしょにいるの？」

聞《き》くと、ももちゃんは、気温《きおん》が20度《ど》を上回《うわまわ》る春《はる》から夏《なつ》には家《いえ》のお庭《にわ》で放《はな》し飼《が》いにされていて、気温《きおん》が20度《ど》を下回《したまわ》る秋《あき》から春《はる》にかけては、家《いえ》の中《なか》で放《はな》し飼《が》いにされているという。

こんな大《おお》きなカメが家《いえ》の中《なか》にいつもいるのってどんな感《かん》じなんだろう。

カメも犬《いぬ》みたいにおうちの中《なか》で、飼《か》い主《ぬし》と寝《ね》たり、あそんだりできるのかな？

「ぼくのうちではね、ぼくが主役《しゅやく》なんだ！」

突然《とつぜん》、ももちゃんに言《い》われて、わたしも負《ま》けずに言《い》いかえしたくなった。

「わたしのおうちだって、わたしが主役《しゅやく》だよ！　……あ、うちは未《み》来《らい》ねーちゃんが主役《しゅやく》か！」

わたしは少《すこ》し、いじけてシュンとなったけど、ペットが主役《しゅやく》なのは、ももちゃん家《ち》もわがやも同《おな》じだとわたしはきげんを取《と》りもどした。

「うちなんて、後《うし》ろ足《あし》が不自由《ふじゆう》な未来《みらい》ねーちゃんのために、かあちゃんがこの家《いえ》をたてる時《とき》、階段《かいだん》の段差《だんさ》を小《ちい》さくしたり、玄関《げんかん》をバリアフリーにしたり、お部屋《へや》とバルコニーに出《で》るサッシも平《たい》らなものにしたり、ワンコ用《よう》にすっごく工夫《くふう》してくれたんだから！」

わたしは、えらそうにエッヘンと胸《むね》をはって、大《おお》きなシッポをふりふりした。

「未来《みらい》ちゃん、きららちゃんちもぼくんちと同《おな》じだね！　ぼくんちもママたちが家《いえ》をたてる時《とき》、ぼくのために床暖房《ゆかだんぼう》入《い》れてくれたり、夏《なつ》の間《あいだ》すごすお庭《にわ》も工夫《くふう》して「ぼく用《よう》」につくってくれたんだよ」
ゆ……床暖房《ゆかだんぼう》か！　それはすごいぞ。かあちゃんもほしがってい
たけど、お金《かね》がなくて無理《むり》だって、あきらめたやつだ！　それをも
もちゃんのために入《い》れちゃうなんて、ももちゃん家《ち》のももちゃんへ
の愛《あい》はすごいな！
とにかく、かあちゃんの〝愛情《あいじょう》じまん〟は、ここまでとして、カ
メを家《いえ》の中《なか》で飼《か》ったら、いろんな問題《もんだい》がおこるだろうな―。
たとえば、トイレはどうするんだろう――？
わたしたち犬《いぬ》は、トイレのしつけができるけど、カメのももちゃ
んは、トイレトレーニングができない。
興味津々《きょうみしんしん》、ももちゃんに聞《き》くと、ももちゃんは、人間用《にんげんよう》のオムツ

をしてすごしているという。

何《なに》しろ体重《たいじゅう》50キロの巨体《きょたい》だ。オムツをかえるのも一苦労《ひとくろう》。家族《かぞく》で手伝《てつだ》いながら一日《いちにち》1回《かい》、「よっこらしょ」とさかさまにひっくり返《かえ》されて、オムツ交換《こうかん》するらしい。こりゃ傑作《けっさく》だ！

「あのね、ひと言《こと》でひっくり返《かえ》してって笑《わら》いながらいうけど……、ぼくたちリクガメは一度《いちど》ひっくり返《かえ》ったら自分《じぶん》じゃもとにもどれない。野生《やせい》のリクガメにとってひっくり返《かえ》るってことは、死《し》を意味《いみ》することなんだよ」

「じゃあ、オムツ交換《こうかん》も、あんた命《いのち》がけなの？」

「それはちがうな〜。何度《なんど》も言《い》うけどぼくはペット。ママやパパがいるからそんな心配《しんぱい》はないいんだよ」

おうちでは
オムツを
しているよ！

よっこらしょ！

たしかにわたしたちペットは、犬《いぬ》であれネコであれカメであれ、いい飼《か》い主《ぬし》に出会《であ》えたらそれだけで、安全《あんぜん》で安心《あんしん》でしあわせになれる。

ももちゃんは27年間《ねんかん》もママたち家族《かぞく》といっしょにくらしてきたんだから、おたがいの信頼関係《しんらいかんけい》も鋼《はがね》のようにかたいんだろうな。

わたしも負《ま》けちゃいられない！　未来《みらい》ねーちゃんや、かあちゃんとこれからも、もっと、もっと楽《たの》しいことして鋼《はがね》よりかたい、ダイヤモンドのような信頼関係《しんらいかんけい》をきずくぞ！

「ねえ、トイレのことはわかったけど、あんたは犬《いぬ》みたいにお散歩《さんぽ》とかにはいかないの？」

「犬《いぬ》みたいにお庭以外《にわいがい》でお散歩《さんぽ》にいくのは一年《いちねん》に1回《かい》か2回《かい》くらい

だよ」

「じゃあ、うちに遊《あそ》びに来《き》た今日《きょう》は、特別《とくべつ》な日《ひ》ってこと？」

「そういうこと！　とにかく、移動《いどう》が大変《たいへん》だからね。車《くるま》に乗《の》る時《とき》は、セメントをこねるトロ船《ふね》に入《い》れてもらって、車《くるま》のリアシートに乗《の》るんだけど、ぼくをもち上《あ》げるのにはパパとママの大人《おとな》ふたりがかりでもひーふー言《い》ってるよ」

「じゃあ、これからもっと大《おお》きくなって70キロ、80キロになったらどうなるの？」

「どうなるの？　ぼくもわかんないな」

その時《とき》、ゴロゴロと変《へん》な音《おと》がして、かあちゃんが「ももちゃんとお散歩《さんぽ》に行《い》くよー」と言《い》って荷台《にだい》につかうカートをもってきた。

その音《おと》で、未来《みらい》ねーちゃんが、ももちゃんの甲羅《こうら》の上《うえ》で「ふああああ……」と大《おお》きなあくびをしながらかあちゃんを見《み》た。

「これからももちゃんお散歩《さんぽ》に行《い》くからね！」

「じゃあ、わたしはこのまま甲羅《こうら》の上《うえ》に乗《の》っていっしょにでかけるよ」未来《みらい》ねーちゃんが言《い》った。

年《とし》のせいでめっきり足腰《あしこし》が弱《よわ》ってしまった未来《みらい》ねーちゃんは、最《さい》近《きん》は自力《じりき》で歩《ある》くのがむずかしくなっていた。ももちゃんの甲羅《こうら》の上《うえ》なら歩《ある》かなくてもいいから便利《べんり》ってもんだ！

「未来《みらい》はかあちゃんが抱《だ》っこしてあげるよ」かあちゃんが、ももちゃんの甲羅《こうら》の上《うえ》にいた未来《みらい》ねーちゃんをひょいっと抱《だ》き上《あ》げて言《い》った。

未来《みらい》ねーちゃんがももちゃんの背中《せなか》からいなくなると、ももちゃんママとパパが両《りょう》わきからももちゃんの甲羅《こうら》をもって「よっこらしょ」とかけ声《ごえ》をかけてもち上《あ》げた。

セメントをこねるトロ船《ふね》にももちゃんを入《い》れ、そのトロ船《ふね》をカートにのせたら準備完了《じゅんびかんりょう》だ。

リードをつけてもらったわたしも、行《い》く気満々《きまんまん》！

カメと散歩《さんぽ》なんて、わたしの人生《じんせい》（犬生《いぬせい》）でもはじめてだ！

わたしは、カートに乗《の》ったももちゃんといっしょに近《ちか》くの遊歩道《ゆうほどう》に行《い》った。

「さあ、ももちゃん、ここから本当《ほんとう》のお散歩《さんぽ》だよ」

ももちゃんママとパパが二人《ふたり》がかりで、トロ船《ふね》からももちゃんを

出発《しゅっぱつ》進行《しんこう》だぞ〜！

おろすと、ももちゃんがわたしといっしょに歩《ある》きはじめた。たしかに人《ひと》より歩《ある》くのはおそいけど、思《おも》った以上《いじょう》にはやく歩《ある》くんだなあ。

「ぼくたちリクガメより、ミズガメの方《ほう》が歩《ある》くのは速《はや》いよ」

犬《いぬ》とカメのお散歩《さんぽ》が終《お》わると、お庭《にわ》でももちゃんのごはんの時間《じかん》になった。

ももちゃんは一日《いちにち》2回《かい》から3回《かい》くらい食事《しょくじ》をするという。

主食《しゅしょく》は小松菜《こまつな》、キュウリなどで、一日《いちにち》に食《た》べる量《りょう》は野菜《やさい》1500グラムくらいだ。

これは大《おお》きなキャベツ丸《まる》ごと1個分《こぶん》の量《りょう》で、食事《しょくじ》は野菜中心《やさいちゅうしん》。

「あんた、お肉《にく》は食《た》べないの？」

「そんなもん食《た》べないなあ」

ごはんの話《はなし》をしているととたんにお腹《なか》がへってくる。

すると、かあちゃんがキュウリや小松菜《こまつな》をもって庭《にわ》にやってきた。

そんな葉《は》っぱ、わたしはまったく興味《きょうみ》ない！　早《はや》く肉《にく》が出《で》てこないかなとまっていると、かあちゃんがキュウリをももちゃんの近《ちか》くに置《お》いた。

とたんに、ももちゃんがすごいいきおいでキュウリに向《む》かって突《とっ》進《しん》！

さっきのお散《さん》歩《ぽ》タイムの時《とき》より速《はや》いぞ！

かあちゃんがももちゃんにキュウリをさし出《だ》すと、ももちゃんはかあちゃんの手《て》からそれをバリバリとすごいいきおいで次《つぎ》々《つぎ》と食《た》べ、あっという間《ま》にたいらげてしまった。

なんとすごい量《りょう》だ。キュウリだと10本、15本《ほん》は当《あ》たり前《まえ》。人参《にんじん》も小松菜《こまつな》もばりばりたいらげてしまう。

「カメの食費《しょくひ》もばかにならないね」

「うん！　たくさん食《た》べるからね。でも近所《きんじょ》にぼくのごはんを作《つく》ってくれるおじいさんがいるんだ」

ももちゃんとふれ合《あ》うのが楽《たの》しみで、ももちゃんのために家庭菜《かていさい》園《えん》でせっせと野菜《やさい》を作《つく》っている近所《きんじょ》のおじいさんがいるらしい。ももちゃんが可愛《かわい》くてはじめた菜園《さいえん》だけど、おじいさん自身《じしん》の健康《けんこう》のためにも役立《やくだ》っているという。

犬《いぬ》もそうだけど、ペットを飼《か》っている飼《か》い主《ぬし》さんにとって、ご近《きん》所《じょ》とのおつき合《あ》いは大切《たいせつ》だ。

おいしいんだぞ〜!
そんな葉《は》っぱがおいしいの?

ももちゃん!! 元気《げんき》で 長生《ながい》きしてね
おじいちゃん いつもおいしいお野菜《やさい》 ありがとう!

わたしたち動物《どうぶつ》が人間社会《にんげんしゃかい》でしあわせに暮《く》らしていくためには、ご近所《きんじょ》や社会《しゃかい》から愛《あい》されるペットでいなくちゃいけないからだ。飼《か》い主《ぬし》さんがご近所《きんじょ》と仲良《なかよ》くできれば、飼《か》われているペットも仲良《なかよ》くしてもらえる。わざわざ野菜《やさい》を作《つく》るほど、おじいさんのハートを射《い》止《と》めちゃうなんて、ももちゃんはすごいなあー。

ももちゃんがお野菜《やさい》をバクバク食《た》べている間《あいだ》、わたしと未来《みらい》ねーちゃんはかあちゃんから大好物《だいこうぶつ》のローストビーフをもらった。

ももちゃんはお肉《にく》には見向《みむ》きもしない。カメと犬《いぬ》は食《た》べ物《もの》の取《と》り合《あ》いっこしなくていいからなおさら仲良《なかよ》くできそうだ。ちょっと、怖《こわ》くて乗《の》れなかったけど、甲羅干《こうらぼ》しも楽《たの》しそうだな……。

「あんた、さっきからすっごく食《た》べてるけど喉《のど》は渇《かわ》かないの？」

「野菜《やさい》からの水分《すいぶん》で十分《じゅうぶん》だから、あんまり水《みず》は飲《の》まないよ！」

水《みず》をほとんど飲《の》まない動物《どうぶつ》がいるなんて、知《し》らないことばっかりだ。

「それにしても、あんたみたいに大《おお》きなのが家《いえ》の中《なか》でのっし、のっし歩《ある》いてたら、楽《たの》しいだろうねえ」

「うちの家具《かぐ》や壁《かべ》はね、ぼくが歩《ある》くたびに甲羅《こうら》があたって、ボロボロになっちゃうんだ。ももちゃん傷《きず》っていうのかな？」

「そりゃ、あんたのせいじゃないよ」

犬《いぬ》やネコを飼《か》っている家《いえ》でも床《ゆか》や家具《かぐ》が傷《きず》だらけになったり、カーテンがボロボロになったりする。飼《か》い主《ぬし》なら、それくらい仕方《しかた》ないと覚悟《かくご》して飼《か》うのが当《あ》たり前《まえ》だとわたしは思《おも》った。

「あんたは、今《いま》のママに飼《か》ってもらってよかったね」

「うん！　最高《さいこう》に良《よ》かったよ」

しあわせいっぱいのももちゃんを見《み》て、わたしは亀吉《かめきち》のことを考《かんが》えた。

亀吉《かめきち》への「ごめんなさい」が、ももちゃんと、ももちゃんママの縁《えん》を結《むす》んだんだ。

あれから40年《ねん》以上《いじょう》が過《す》ぎているんだなあ……。

ももちゃんママの亀吉《かめきち》への「ごめんなさい」は、もう消《き》えたのかな？

考《かんが》えながら首《くび》をかしげていると、未来《みらい》ねーちゃんが言《い》った。

「人間《にんげん》はつらい思《おも》いをした分《ぶん》、やさしくなれるってかあちゃんが言《い》ってたよ。亀吉《かめきち》への「ごめんなさい」があったから、ももちゃんママのももちゃんへの愛情《あいじょう》がうんと大《おお》きいんだよ」

さすがは、未来《みらい》ねーちゃん！　犬《いぬ》も人間《にんげん》と17年《ねん》以上《いじょう》くらしていると、人間《にんげん》の複雑《ふくざつ》な心境《しんきょう》がわかるってもんだ！

わたしも未来《みらい》ねーちゃんみたいに、もっと、もっと、人間《にんげん》の気《き》もちがわかるようになりたいな！　やっぱり長生《ながい》きは楽《たの》しいぞ！

今日《きょう》はとことん百歳（ももとせ）の長寿《ちょうじゅ》にあやかろう！

ももちゃんと家族《かぞく》

ももちゃんのお食事《しょくじ》タイムが終《お》わると、ももちゃんママが、ももちゃんのアルバムを見《み》せてくれることになった。

1ページ目《め》には、赤《あか》ちゃんだったももちゃんが写《うつ》っている。たしかに手《て》のひらに乗《の》るサイズ！

アルバムの中《なか》のももちゃんは、徐々《じょじょ》に10センチ、20センチ、30センチと大《おお》きくなり、甲羅《こうら》のしま模様《もよう》がふえて、うすくなっていった。

パパとママが結婚《けっこん》した時《とき》のももちゃんは、5センチ。

1年後《ねんご》に娘《むすめ》のひよりちゃんが生《う》まれた時《とき》には15センチ。このころはまだ小《ちい》さかったのでケージの中《なか》で飼育《しいく》されていたという。

「このころのぼくは、まだ1歳《さい》。ミニカメだからね！　ママがひよりちゃんを出産《しゅっさん》した時《とき》には、実家《じっか》へいっしょに里帰《さとがえ》りしたんだよ」

「へえ！　きっと、ママは、一時《ひととき》もあんたとはなれたくなかったんだろうね」

その4年後《ねんご》に弟《おとうと》の莉生《りお》くんが生《う》まれた時《とき》には、ももちゃんは40センチほどに成長《せいちょう》。

ももちゃんはこのころを境《さかい》にケージ飼育《しいく》から庭《にわ》やお部屋《へや》の中《なか》で家《か》族《ぞく》みんなとくらすようになった。

0歳《さい》のももちゃんと22歳《さい》のももちゃんママ

0歳《さい》のももちゃん

ももちゃんと家《か》族《ぞく》

「莉生《りお》くんは、自宅《じたく》で助産師《じょさんし》さんが取《と》り上《あ》げて生《う》まれたんだよ！　ぼくはその時《とき》、ママの隣《となり》でずっと莉生《りお》くんが生《う》まれるのを待《ま》っていて、ずっと見守《みまも》っていたんだ。もし、莉生《りお》くんが病院《びょういん》で生《う》まれていたらぼくは、お産《さん》に立《た》ち会《あ》えなかったなあ！」

そりゃそうだ！　赤《あか》ちゃんを産《う》む病院《びょういん》の分娩室《ぶんべんしつ》に、カメがいるなんて聞《き》いたことがない。

アルバムの中《なか》では、莉生《りお》くんが生《う》まれる直前《ちょくぜん》、布団《ふとん》で寝《ね》ているももちゃんママのすぐ隣《となり》に結構大《けっこうおお》きくなったももちゃんがデンと居座《いすわ》っている。その隣《となり》にパパとお姉《ねえ》ちゃんになった小《ちい》さなひよりちゃんが、ママのお産《さん》を見守《みまも》っていた。

ももちゃん家族《かぞく》は４人《にん》と１匹《ぴき》になった。

そして、その翌年《よくとし》、ダックスフントの子犬《こいぬ》、パピコが家族《かぞく》に加《くわ》わった。

いよいよ犬《いぬ》の出番《でばん》だ！　とわたしは思《おも》った。

「パピコとあんたって、最初《さいしょ》から仲良《なかよ》しだったの？」

「うーん……なんとなくいっしょにいたって感《かん》じかなあ……」

その8年後《ねんご》に同《おな》じくミニチュアダックスフントのきのこが、家族《かぞく》に加《くわ》わったことで「犬《いぬ》とカメ」が、おどろくほど仲良《なかよ》くなったんだ。

きのこはなつっこく、誰《だれ》にでも甘《あま》える犬《いぬ》で、「遊《あそ》ぼう」とももちゃんを誘《さそ》ったり、ちょっかいばかり出《だ》していたからだ。

「パピコと同《おな》じ犬《いぬ》なのに、きのこは、パピコよりぼくのことが好《す》きでね……ぼくの甲羅《こうら》や顔《かお》をぺろぺろ舐《な》めたり、ぼくのごはん皿《ざら》に顔《かお》をつっこんで、ぼくといっしょにごはんを食《た》べたり……最初《さいしょ》はびっくりしたけど、だんだん楽《たの》しくなってきたんだ！　どんな動物《どうぶつ》でも仲良《なかよ》しになれるってのはしあわせだね」

やがて、パピコは年《とし》をとり、犬《いぬ》の平均寿命《へいきんじゅみょう》と言《い》われる15歳《さい》で天国《てんごく》へ旅立《たびだ》っていった。

「あんたの方《ほう》が6年《ねん》も早《はや》く生《う》まれたのに、パピコは猛《もう》スピードでおばあちゃんになって、天国《てんごく》にいっちゃったんだね……わたしたち、犬《いぬ》の命《いのち》の時間《じかん》なんて、あっという間《ま》だよ……」

「……うん……ぼくより後《あと》に生《う》まれたのに、ぼくより先《さき》に年《とし》をとって天国《てんごく》にいっちゃうんだ……きのこも寂《さび》しかったと思《おも》うよ……そのころからかなあ、きのこがぼくの背中《せなか》に乗《の》るようになったのは

きのことは、
お外《そと》でもいつも
いっしょだったんだ……

……」

そのころから、きのこはももちゃんの背中《せなか》に自分《じぶん》から飛《と》び乗《の》るようになった。

ももちゃんの背中《せなか》が安心《あんしん》するのか、家《いえ》では毎日《まいにち》、たまのお散歩《さんぽ》でも、ももちゃんをセメントをこねるトロ船《ふね》に入《い》れてカートに乗《の》せると、きのこも当《あ》たり前《まえ》のように、ももちゃんの背中《せなか》に乗《の》っかる。

「あーさっきの散歩《さんぽ》と同《おな》じスタイルだね」

「とにかく、きのことぼくは、みんながびっくりするくらい仲良《なかよ》しだったんだ……」

楽《たの》しい時《とき》はあっという間《ま》で、きのこが12歳《さい》になった年《とし》、きのこは「ガン」という病気《びょうき》になってしまった。

動物病院《どうぶつびょういん》できくと、きのこに残《のこ》された時間《じかん》はわずか……。

その2か月後《げつご》、家族《かぞく》に見守《みまも》られてきのこは天国《てんごく》にお引越《ひっこ》ししたんだ。きのこが亡《な》くなった時《とき》、ももちゃんはきのこのそばを何時間《なんじかん》もはなれなかったという。

「ぼくもね、家族《かぞく》といっしょに車《くるま》に乗《の》って、ペットのお葬式場《そうしきじょう》まで、つれて行《い》ってもらったんだ。さいごのお別《わか》れの部屋《へや》でもずっといっしょだったんだよ……」

「……それだけ、仲《なか》が良《よ》かったんだもんね……。あんた、悲《かな》しかったでしょ？」

「パピコに、きのこに……、2度《ど》も、天国《てんごく》に見送《みおく》らなくちゃならなかったんだ……。ぼくは、パピコの赤《あか》ちゃんの時《とき》も、おばあちゃんの時《とき》も、きのこの赤《あか》ちゃんの時《とき》も……それから病気《びょうき》で亡《な》くなる時《とき》も、すべてを知《し》っている……。長生《ながい》きって、いいことばかりじゃないなあって思《おも》うよ……」

ももちゃんは言《い》うけど、わたしはちょっとちがうと思《おも》った。

「でも、長生《ながい》きして、たくさんの命《いのち》が生《う》まれた時《とき》や、その命《いのち》が終《お》わる時《とき》を見《み》てるから、命《いのち》のきらきらや、命《いのち》の大切《たいせつ》さがわかるんじゃないの？　それって、すごいことだよ！　それに、あんたには何《なに》も心配《しんぱい》がない！　もし、万《まん》が一《いち》、ママやパパに何《なに》かあっても、ひよりちゃんがあんたのお世話《せわ》をしてくれるんだからね。あんたは特別《とくべつ》ラッキーだよ」

本当《ほんとう》に、その通《とお》り！　ももちゃんみたいなカメはそういるはずがない。

カメの「命《いのち》の時間《じかん》」をまじめに考《かんが》えれば、ほいほいカメを飼《か》える人間《にんげん》は、そう多《おお》くないはずだ。

わたしたち犬《いぬ》の命《いのち》の時間《じかん》は、15年《ねん》ほど――。

犬《いぬ》やネコが人間《にんげん》のペットとして人気《にんき》があって、人間《にんげん》といっしょにくらすようになったのは、「命《いのち》の時間《じかん》」もその理由《りゆう》のひとつなのかな？

15年《ねん》という時間《じかん》は決《けっ》して短《みじか》くはない。だから15年《ねん》あれば、わたしたち犬《いぬ》と飼《か》い主《ぬし》さんはたくさん、たくさんいい思《おも》い出《で》をつくることができる。そして15年《ねん》なら、飼《か》い主《ぬし》さんもわたしたちの面倒《めんどう》を最期《さいご》まで見《み》ることができる。人間《にんげん》とくらすペットの命《いのち》の時間《じかん》としては

「いい塩梅《あんばい》」ってわけだ！

そう考《かんが》えると、ペットとしてカメを飼《か》うためには、飼《か》い主《ぬし》さんも自分《じぶん》が先《さき》に死《し》んだ時《とき》のことも考《かんが》えなくちゃなあ……とわたしは思《おも》った。

ももちゃんの話《はなし》を聞《き》いているうちに、お日様《ひさま》はすっかり西《にし》の空《そら》だ。

秋《あき》の夕方《ゆうがた》は、日《ひ》がかたむくと急《きゅう》に寒《さむ》くなってくる。

寒《さむ》さは、お年寄《としよ》りにこたえるのか、未来《みらい》ねーちゃんは、すでにお部屋《へや》のお布団《ふとん》の中《なか》。

ももちゃんにも寒《さむ》さは大敵《たいてき》だ。大丈夫《だいじょうぶ》かな？

心配《しんぱい》していると「気温《きおん》が20度《ど》以下《いか》になる前《まえ》に、ももちゃんおうちに帰《かえ》らなくちゃ」とかあちゃんが言《い》った。

ふーん……。ももちゃん「シンデレラ」みたいだなあ。シンデレラは「時計《とけい》」が0時《じ》になると大慌《おおあわ》てだったけど、ももちゃんは「気温《きおん》」が20度《ど》を下回《したまわ》ると大慌《おおあわ》てだ。

シンデレラのお話《はなし》は、馬車《ばしゃ》がかぼちゃになって、シンデレラももとの姿《すがた》にもどるだけだけど、ももちゃんが寒空《さむぞら》にいたら死《し》んじゃうかもしれないから、こりゃ本当《ほんとう》に大急《おおいそ》ぎでおうちに帰《かえ》らなきゃ！

「ももちゃん、またね！　今度《こんど》はわたしも甲羅《こうら》の上《うえ》で、甲羅干《こうらぼ》ししてみるよ」

わたしは、大急《おおいそ》ぎで車《くるま》の中《なか》に乗《の》せられるももちゃんに、バイバイとシッポをふった。

ももちゃんと、子《こ》ネコのポポちゃん

108

　ももちゃんがシンデレラのごとく、帰《かえ》って行《い》った年《とし》の冬《ふゆ》、ももちゃんママからかあちゃんにＬＩＮＥ《ライン》メッセージでお知《し》らせがとどいた。

　飼《か》い主《ぬし》さんを募集《ぼしゅう》している「保護猫《ほごねこ》」サイトを見《み》て、子《こ》ネコを新《あたら》しく家族《かぞく》にむかえたというのだ。しかもその子《こ》ネコは、未来《みらい》ねーちゃんと同《おな》じ後《うし》ろ足《あし》に障《しょう》がいがあるらしい。

ももちゃんママからのメッセージには、次《つぎ》のように書《か》かれていた。

ある子《こ》ネコを見《み》つけました。

「保護猫《ほごねこ》」サイトを見《み》ていたら、ぐうぜん、後《うし》ろ足《あし》に障《しょう》がいのある子《こ》ネコを見《み》つけました。

障《しょう》がいがあっても、しあわせそうに元気《げんき》で長生《ながい》きしている未来《みらい》ちゃんを見《み》たあとだったので。

未来《みらい》ちゃんみたいに、しあわせにしてあげたいね！　と、家族《かぞく》で話《はな》し合《あ》い、その子《こ》ネコをわがやにむかえることに決《き》めました。

生《う》まれつきの障《しょう》がいで、後《うし》ろ足《あし》の足首《あしくび》が曲《ま》がらないから、普通《ふつう》のネコのようにジャンプして高《たか》いところにはのぼれないけど、ふだんの生活《せいかつ》に問題《もんだい》はありません。

ももちゃんの大好物《だいこうぶつ》が「タンポポ」なので、「ポポ」と名《な》づけました！

未来《みらい》ちゃん、きららちゃん、ポポをよろしくね♡

「へえ……、未来《みらい》ねーちゃんが、障《しょう》がいがあっても元気《げんき》に長生《ながい》きできるって、ももちゃんママに教《おし》えてあげたんだね！　ただ、長生《ながい》きってだけじゃダメなんだね！」

「そうだよ、きらら！　死《し》ぬまで元気《げんき》で長生《ながい》き！　そのために、かあちゃんもとうちゃんも一所懸命《いっしょけんめい》お世話《せわ》してるんだから！」

その話《はなし》をかあちゃんから聞《き》いたわたしは、未来《みらい》ねーちゃんはやっぱりすごいなと思《おも》った。

ももちゃんと子《こ》ネコのポポちゃん

亀吉《かめきち》は、飼《か》い主《ぬし》さんに捨《す》てられた。これってわたしや未来《みらい》ねーちゃんといっしょ。

ネコのポポちゃんは、後《うし》ろ足《あし》に障《しょう》がいがある。これも未来《みらい》ねーちゃんといっしょ。

亀吉《かめきち》とポポを足《た》したら、まるで未来《みらい》ねーちゃんそのものだ。

なによりすごいのは、そんなつらい思《おも》いをした未来《みらい》ねーちゃんが、17歳《さい》をすぎても元気《げんき》ですごしているってことだった。

「元気《げんき》で長生《ながい》き」って「しあわせの証拠《しょうこ》」だ！

わたしもこれからうんと、元気《げんき》に長生《ながい》きして、未来《みらい》ねーちゃんみたいに「しあわせの証拠《しょうこ》」をみんなに見《み》せてあげるんだ！

「ももちゃんは、これから何歳《なんさい》まで生《い》きるのかな？」

「まだまだ、これから30年《ねん》以上《いじょう》は、生《い》きるだろうね！　だから……、ももちゃんは、十数年後《じゅうすうねんご》には、子《こ》ネコのポポちゃんも天国《てんごく》に見送《みおく》らなきゃならない」

「……自分《じぶん》より6歳年下《さいとしした》だったパピコを見送《みおく》って、自分《じぶん》より14歳年《さいとし》下《した》のきのこも見送《みおく》って、27歳年下《さいとしした》のポポもいずれ見送《みおく》らなきゃならないなんて……なんか悲《かな》しいね……」

「きらら、人《ひと》も動物《どうぶつ》も、一度《いちど》生《う》まれたら必《かなら》ず死《し》ぬんだよ。もって生《う》まれた命《いのち》の時間《じかん》は、それぞれだけど、その時間《じかん》を未来《みらい》も、きららも一所懸命《いっしょけんめい》生《い》きていけば、それでいいんだよ。

かあちゃんたちが、かならず責任《せきにん》をもって、最期《さいご》の最期《さいご》までしあわせにしてあげるよ」

「ふーん……でも……、ももちゃんはあと30年《ねん》は、生《い》きるでしょう？　そうなるとももちゃんママは……」

「80歳《さい》すぎるね」

「もっと、長生《ながい》きしたら、ももちゃんママの方《ほう》が先《さき》に天国《てんごく》にいっちゃうかも……。その時《とき》は、ももちゃんママの娘《むすめ》のひよりちゃんに、お世話《せわ》をバトンタッチするんだね」

わたしが聞《き》くと、かあちゃんがわたしの頭《あたま》をナデナデしながら言《い》った。

「ペットを飼《か》う時《とき》には、そのペットの〝命《いのち》の時間《じかん》〟がどれくらいなのか、よーく考《かんが》えて、家族《かぞく》と話《はな》し合《あ》わないとね！」

ポポが来《き》た時《とき》から、
ずっと
なかよしだよ。

それから1週間後《しゅうかんご》、またももちゃんママからLINE《ライン》メッセージといっしょに写真《しゃしん》がとどいた。

ももちゃん、ポポといっしょにコタツの中《なか》で、仲良《なかよ》く寝《ね》ていますよ♡

最初《さいしょ》は、ももちゃん、びっくりしていたけど今《いま》では、すっかりポポのおにいちゃん気《き》どりです。

見《み》ると、ふたりはべったりくっついて、長《なが》い間《あいだ》ずっとそうしてきたみたいにいっしょに寝《ね》ていた。

それからさらに1週間後《しゅうかんご》——。

ポポが自分《じぶん》から、ももちゃんの背中《せなか》によじのぼって、ももちゃんの甲羅《こうら》の上《うえ》にすわってくつろいでいます♡

ももちゃんも、楽《たの》しそうにポポを背中《せなか》に乗《の》せて、家《いえ》じゅうを歩《ある》いていますよ！

わたしは、この写真《しゃしん》を見《み》て、すごいなあと思《おも》った。

ネコは高《たか》いところが大好《だいす》きな動物《どうぶつ》だ。ジャンプできないポポにとって、ももちゃんの甲羅《こうら》の上《うえ》は、唯一《ゆいいつ》自力《じりき》で上《のぼ》れるながめのいい場《ば》所《しょ》なんだろうな。

もし、ポポの後《うし》ろ足《あし》に障《しょう》がいがなくて、すいすいジャンプできたら、キャットタワーの上《うえ》からももちゃんを見《み》おろしていたかもしれないぞ。

ジャンプできないから、ポポとももちゃんのきずながうんと深《ふか》まったんだ。

ポポが寒《さむ》い季節《きせつ》に来《き》たこともよかったなあ、とわたしは思《おも》った。もし夏《なつ》だったら、ももちゃんはお庭《にわ》で過《す》ごしているから、家《いえ》の中《なか》のポポとは別々《べつべつ》だ。

きっと、こんなに仲良《なかよ》くなれなかっただろうな。

「ねえ、未来《みらい》ねーちゃん……、ポポも未来《みらい》ねーちゃんみたいに、ももちゃんの甲羅《こうら》の上《うえ》で甲羅干《こうらぼ》ししてるから、きっと、元気《げんき》で長生《ながい》きするね！」

わたしが言《い》っても、未来《みらい》ねーちゃんは、知《し》らん顔《かお》ですやすや、すやすや……。気持《きも》ちよさそうに眠《ねむ》っている。寝顔《ねがお》は、いつも笑《わら》っているようだ。

犬《いぬ》もカメも、神様《かみさま》がくれた「命《いのち》の時間《じかん》」を、さいごまでしあわせに、たのしくすごせたらいいなあと、わたしは思《おも》った。

エピローグ

未来《みらい》ねーちゃんと同《おな》じ、後《うし》ろ足《あし》に障《しょう》がいを負《お》った子《こ》ネコのポポが、ももちゃんちにやってきた翌年《よくとし》、未来《みらい》ねーちゃんは、神様《かみさま》が決《き》めた「命《いのち》の時間《じかん》」を17歳《さい》7か月《げつ》で終《お》えた。

ももちゃんがパピコやきのこを見送《みおく》ったように、わたしはかあちゃんたちとお葬式場《そうしきじょう》のお別《わか》れの部屋《へや》に行《い》って、未来《みらい》ねーちゃんと最《さい》期《ご》の「バイバイ」をすることになった。

とたんに心《こころ》がキュンとなった……。

ももちゃんも、パピコやきのこを見送《みおく》った時《とき》、こんな気《き》もちだったのかな……？

ももちゃんは、あと何回《なんかい》、誰《だれ》かを天国《てんごく》に見送《みおく》らなくちゃならないんだろう――。

その時《とき》、お別《わか》れの部屋《へや》で静《しず》かにねむっている未来《みらい》ねーちゃんの声《こえ》が聞《き》こえた。

〝大好《だいす》きなだれかに、見送《みおく》られて「命《いのち》の時間《じかん》」を終《お》えることができたら、これほどしあわせな「命《いのち》のゴール」はないよ〟

「命《いのち》の時間《じかん》」をまっとうした未来《みらい》ねーちゃんは、わたしと、とうちゃん、かあちゃんと、たくさんのきれいなお花《はな》に囲《かこ》まれて天国《てんごく》にお引越《ひっこ》しした。

（おわり）

エピローグ

あとがきにかえて

ペットを飼《か》う上《うえ》で一番大切《いちばんたいせつ》なことは「その命《いのち》が終《お》わる時《とき》まで責任《せきにん》をもって面倒《めんどう》を見《み》る」ということです。犬《いぬ》は平均《へいきん》15年《ねん》ほど生《い》きるので、子犬《こいぬ》で飼《か》ったら15年間《ねんかん》、毎日《まいにち》、世話《せわ》をしなくてはならないということです。

では、この本《ほん》に出《で》てくる「ももちゃん」はどうでしょう——?

ももちゃんはケヅメリクガメというカメで、寿命《じゅみょう》は数十年《すうじゅうねん》と言《い》われています。

たとえば、読者《どくしゃ》のみなさんが、小学校《しょうがっこう》4年生《ねんせい》の時《とき》に子《こ》ガメを飼《か》うと、そのカメは、みなさんが70歳《さい》、80歳《さい》のお年寄《としよ》りになるまで生《い》きているということになります。

私《わたし》がこの本《ほん》を書《か》く上《うえ》で最《もっと》も感心《かんしん》したことは、ももちゃんママが、カメの寿《じゅ》命《みょう》のことまできちんと考《かんが》えて、ももちゃんを迎《むか》え入《い》れたということでした。長生《ながい》きももちゃんを、一代《いちだい》かぎりで面倒《めんどう》を見《み》るのではなく、娘《むすめ》さん夫婦《ふうふ》にバトンタッチできるよう、子《こ》どもたちが小《ちい》さい頃《ころ》からつねに家族《かぞく》みんなで話《はな》し合《あ》っていたのです。

これならももちゃんも安心《あんしん》！　長生《ながい》きカメの暮《く》らしに心配《しんぱい》はありません。

今回《こんかい》は、同《おな》じペットでも犬《いぬ》とは命《いのち》の時間《じかん》に大《おお》きなちがいがある「カメ」の日《にち》常《じょう》を、犬《いぬ》のきらら目線《めせん》で描《えが》き、ももちゃんから発見《はっけん》したたくさんの驚《おどろ》きを、この本《ほん》にまとめてみました。

飼《か》い主《ぬし》としての心《こころ》がまえや、犬《いぬ》とはまたちがった動物《どうぶつ》と暮《く》らすことの楽《たの》しさ、命《いのち》のぬくもりがみなさんに伝《つた》わればうれしいです。

2024年《ねん》11月《がつ》吉日《きちじつ》

きららの母《かあ》ちゃん　今西乃子《いまにしのりこ》

著者　今西乃子（いまにし のりこ）

児童書のノンフィクションを手がけるかたわら、小・中学校などで「命の授業」を展開。

『ドッグ・シェルター』（金の星社）で第36回日本児童文学者協会新人賞を受賞。

著書に『さようなら、捨て犬・未来』『犬にかまれたチイちゃん、動物のおいしゃさんになる』（岩崎書店）などがある。

日本児童文学者協会会員。公益財団法人日本動物愛護協会常任理事。

ホームページ http://www.noriyakko.com

写真　浜田一男（はまだ かずお）

東京写真専門学校（現東京ヴィジュアルアーツ）Tokyo Visual Arts 卒業。

二年間広告専門のスタジオでアシスタント。一九八四年、独立。一九九〇年、写真事務所を設立。

第21回日本広告写真家協会（APA）展入選。

現在、企業広告・PR、出版関係を中心に活動。世界の子ども達の笑顔や日常生活をテーマに撮影している。

ホームページ http://www.mirainoshippo.com

絵　かけひさとこ（筧 智子）

玩具企画開発会社勤務をへてイラストレーター、絵本作家に。
絵本の仕事に『パンダぱん』（教育画劇）、『おきて おきて カップケーキちゃん』（PHP研究所）など、
装画・さし絵の仕事に『捨て犬・未来ときらら、イノシシにであう！』（岩崎書店）などがある。

写真協力　小山由美（8・23・23・71下・96・97・101・108・115ページ）

かめのももちゃんXアカウント https://x.com/kameno_momochan

カメにのった捨て犬・未来！　とっとこ「いのち」と、のんびり「いのち」

二〇二四年十一月三十日　第一刷発行

著者　今西乃子
写真　浜田一男
発行者　小松崎敬子
発行所　岩崎書店
〒112-0014
東京都文京区関口二-三-三　目白坂STビル7階
電話 03-6626-5080（営業）03-6626-5082（編集）
印刷所　三美印刷株式会社
製本所　株式会社若林製本工場
デザイン　鈴木康彦

NDC916 Published by IWASAKI Publishing Co., Ltd. Printed in Japan

ISBN978-4-265-08043-4

ご意見・ご感想をおまちしています。
Email：info@iwasakishoten.co.jp
岩崎書店ホームページ
https://www.iwasakishoten.co.jp

岩崎書店

今西乃子　捨て犬・未来＆きららシリーズ

命《いのち》のバトンタッチ　障《しょう》がいを負《お》った犬《いぬ》・未来《みらい》

しあわせのバトンタッチ　障《しょう》がいを負《お》った犬《いぬ》・未来《みらい》、学校《がっこう》へ行《い》く

捨《す》て犬《いぬ》・未来《みらい》と子犬《こいぬ》のマーチ　もう、安心《あんしん》していいんだよ

東日本大震災《だいしんさい》・犬たちが避難《ひなん》した学校　捨《す》て犬《いぬ》・未来《みらい》　命《いのち》のメッセージ

捨《す》て犬《いぬ》・未来《みらい》と捨てネコ・未来

捨《す》て犬《いぬ》・未来《みらい》、命《いのち》の約束《やくそく》　和牛牧場《わぎゅうぼくじょう》をたずねて

捨《す》て犬《いぬ》・未来《みらい》、天国《てんごく》へのメッセージ

捨《す》て犬《いぬ》・未来《みらい》とどうぶつのお医者《いしゃ》さん

捨《す》て犬《いぬ》・未来《みらい》、しあわせの足《あし》あと

捨《す》て犬《いぬ》・未来《みらい》ときらら、イノシシにであう！

さようなら、捨《す》て犬《いぬ》・未来《みらい》

◇◆◇◆◇◆◇◆◇◆◇

ゆれるシッポの子犬《こいぬ》・きらら

子犬《こいぬ》のきららと捨《す》て犬・未来《みらい》　まあるい、まあるい、ふたつのシッポ

ねだんのつかない子犬《こいぬ》・きららのいのち

子犬《じいぬ》のきららと捨て犬《いぬ》・未来《みらい》　ゆれるシッポ、ふんじゃった

◇◆◇◆◇◆◇◆◇◆◇

かがやけいのち！　みらいちゃん